WALT DISNEY

CHEF-D'ŒUVRE

LE LIVRE DE LA JUNGLE

Ont collaboré à cet ouvrage :
Marie Tenaille pour le texte et l'Atelier Philippe Harchy
pour les illustrations.

Le texte de la présente édition a été adapté par Katherine Quenot.

Hachette Livre, 43, quai de Grenelle, 75015 Paris.

Walt Disney
CHEF-D'ŒUVRE

Le Livre de la Jungle

hachette
JEUNESSE

Il était une fois...

Tout commença le jour où, dans le silence de la jungle, un bruit étrange résonna. Ce bruit, qu'on n'avait encore jamais entendu dans une jungle, provenait d'une barque échouée sur une rive.

Dans cette barque, il y avait un panier et, dans ce panier, un bébé humain : un petit

d'homme ! Ce fut Bagheera, la grande panthère noire, qui le trouva. Et il fut très vite adopté par le clan des loups.

Quand il remuait ses jambes et ses bras, il ressemblait à une grenouille, alors on l'appela « Mowgli » ce qui signifie « grenouille ». Mowgli vivait comme un vrai lou-

veteau et Bagheera était sûre d'une chose : aucun petit du monde des hommes n'était aussi heureux que sa petite grenouille ! Ce bonheur dura dix ans.

Mais une nuit, les anciens du clan des loups se réunirent et déclarèrent que Mowgli devait quitter la jungle parce que le redoutable tigre mangeur d'hommes Shere Khan était de retour, à la recherche de Mowgli. Rama, le père loup de Mowgli, n'en croyait pas ses oreilles, mais Akela, le chef du clan, ne se laissa pas attendrir. Le petit d'homme représentait maintenant un danger pour tout le clan : il devait partir…

Chapitre 1
Départ

Ce soir-là, Mowgli ne se doute pas de ce qui l'attend quand Bagheera lui propose de faire une promenade sur son dos à travers la jungle. La panthère dévale les collines et saute les obstacles, mais bientôt le garçon commence à être fatigué.

— J'ai sommeil, Bagheera. Si on rentrait dormir ?

— On ne rentre pas, répond Bagheera sans ralentir sa course. Je t'emmène à un village d'hommes.

— Ah bon, pourquoi ? demande Mowgli, étonné.

— Parce que Shere Khan, le tigre, est revenu et il a juré de te tuer avant que tu ne deviennes un chasseur armé d'un fusil !

Mowgli éclate de rire.

— Mais il n'y a qu'à lui expliquer que je ne deviendrai jamais un chasseur !

— Personne n'explique quoi que ce soit à Shere Khan. Il n'écoute rien. Descends, nous allons passer la nuit ici.

D'un signe de tête, Bagheera indique à Mowgli une branche en haut d'un arbre. Évidemment, le pauvre Mowgli ne peut pas y grimper sans son aide. Il est sûr que Bagheera veut lui montrer qu'il ne peut pas se débrouiller seul dans la jungle !

Une fois perché, il détourne la tête pour bouder.

— Je veux rester dans la jungle avec ma famille !

— Nous ne pouvons plus te protéger.

— Je n'ai pas peur !

Il est tellement inconscient du danger qui le menace que lorsque Kaa, un énorme python, s'approche de lui une fois Bagheera endormie, il lui tire la langue. Mais Kaa a une arme terrible : avec son regard, il hypnotise ses proies. Et Mowgli le regarde, le regarde...

— C'est le marchand de ssssable qui passsse ! siffle doucement Kaa.

C'est fini : le python s'enroule autour de Mowgli, hypnotisé. Soudain, Mowgli réalise que quelque chose ne va pas : il ne peut plus respirer !

— Bagheera ! appelle-t-il faiblement.

Bagheera se réveille et, une seconde après, le python se prend un coup de patte sur la tête. Il lâche aussitôt Mowgli et c'est la panthère qui se retrouve hypnotisée !

Cette fois-ci, c'est au tour de Mowgli de sauver Bagheera en poussant le python, qui dégringole de l'arbre. Mowgli est très content de lui : il n'est peut-être qu'un petit d'homme, mais ce n'est pas une mauviette !

Hélas, Bagheera ne change pas d'avis : elle va l'accompagner à un village.

Au petit matin, Mowgli est réveillé par une troupe d'éléphants qui passe en marchant au pas comme à une

parade. Tout derrière, il y a un éléphanteau...

— Je peux venir avec vous ? lui demande Mowgli en le rejoignant.

— Bien sûr, mais chut ! Défense de parler dans les rangs, c'est interdit par le règlement !

Et Mowgli, ravi, se met à marcher à quatre pattes en rythme. Tout à coup, il a une idée. Et s'il devenait un éléphant ? Il pourrait rester dans la jungle !

Justement, le chef des éléphants, le colonel Hathi, inspecte ses troupes. Toutes les trompes se dressent, tandis que Mowgli essaie désespérément d'allonger son petit nez pour faire comme les autres...

— Trahison ! s'écrie le colonel en l'apercevant. Sabotage ! Je ne veux pas de ça dans ma jungle !

— Ce n'est pas votre jungle ! réplique Mowgli, très en colère, lui aussi.

Heureusement, Bagheera surgit à ce moment-là pour excuser son protégé, qu'elle emmène en vitesse. Mais Mowgli ne l'entend pas de cette oreille et il refuse de la suivre.

— Je ne veux pas partir !

— Et moi je te dis que tu n'as pas

le choix, tu viendras avec moi, même si je dois te traîner par la peau des fesses !

Elle ne croit pas si bien dire ! Mowgli s'accroche alors à un arbre et Bagheera le tire par la culotte. Mais c'est la panthère qui tombe à la renverse et atterrit dans la rivière, vexée comme un pou !

— J'en ai par-dessus la tête de toi, petit d'homme. Débrouille-toi tout seul !

— Te fais pas de souci pour moi ! ronchonne Mowgli.

Et la panthère disparaît.

Chapitre 2

Rencontre avec Baloo

Livré à lui-même, Mowgli ne sait pas trop quoi faire. Il est triste et se sent abandonné. Que fait-il là, alors qu'il devrait être avec ses frères loups en train de jouer ? Il essaie bien de s'amuser à lancer des cailloux, mais tout seul, ce n'est pas drôle.

Finalement, le petit garçon s'assoit par terre, la tête entre les mains. Quand, tout à coup, il entend un craquement. Son cœur se met à battre très vite. Et si c'était Shere Khan ? Mais, surprise ! C'est un ours qui arrive en se dandinant.

— Dou bi dou bi ! dou bi dou ! chante-t-il en remuant son gros derrière.

Soudain, il aperçoit Mowgli. Il s'approche de lui pour le renifler, mais Mowgli n'a pas envie qu'on le renifle ! Et *bing bing !* le garçon furieux se met à marteler de coups de poing le gros ventre de l'ours.

— Écoute-moi, fils, dit l'ours en soulevant Mowgli dans ses pattes. Le

vieux Baloo va te montrer comment se battent les vrais ours.

Ça, ça intéresse Mowgli ! Tous deux se mettent en position de combat, et c'est parti ! Le petit d'homme reçoit la première leçon de boxe de sa vie.

— Et maintenant, ordonne Baloo, pousse un terrible grondement d'ours. Comme ça : « RROARRR ! »

Bagheera, qui était restée dans les parages, dresse l'oreille en entendant ce cri de guerre. Elle fonce au secours de Mowgli et découvre Baloo, ce « gros lourdaud de la jungle », comme elle l'appelle. D'un coup de patte un peu trop fort, il vient d'envoyer Mowgli valdinguer !

— Dis-moi, se moque la panthère, une fois que tu as mis tes pauvres élèves KO, tu crois vraiment qu'ils peuvent retenir ta leçon ?

— Je vais très bien ! lance Mowgli qui se relève en chancelant. Je suis beaucoup plus fort que certains ne le pensent...

Et *vlan*, ça c'est pour Bagheera !

— Je dois conduire immédiatement Mowgli au village des hommes ! lance la panthère à Baloo.

Baloo hausse les sourcils.

— Comment ça au village des hommes ? Mais ils vont le gâcher, ils vont en faire un homme !

— Baloo, je veux rester avec toi, supplie Mowgli.

Pas besoin de supplier l'ours !

— Bien sûr que tu restes avec moi, acquiesce-t-il en caressant la tête de son nouveau petit ours.

Bagheera ricane :

— Et comment survivra-t-il dans la forêt ?

— Je lui apprendrai tout ce que je sais.

— Alors ce sera vite fait !

Mais Baloo n'écoute même plus la rabat-joie.

— Mowgli, tout ce que tu dois savoir, c'est « qu'il en faut peu pour être heureux ! » commence le gros ours en se mettant à danser sur sa chanson favorite.

La panthère se frappe la tête de la patte, mais Mowgli apprécie beaucoup la leçon, lui. Il a très envie de devenir un ours ! C'est encore mieux

qu'être un loup ou un éléphant ! Mowgli se met à imiter tout ce que fait Baloo : il se gratte le dos contre un tronc d'arbre, il essaie de manger des cactus ! *Aïe*, ça pique ! Et finalement il saute sur le ventre de l'ours qui fait la planche sur la rivière.

Restée sur la rive, Bagheera ne sait plus quoi faire. Mowgli ne voudra jamais la suivre...

— J'abandonne, dit-elle en s'éloignant.

Chapitre 3
Enlevé par les singes

Mais Bagheera reste dans les parages car elle se dit que Mowgli pourrait avoir besoin de lui. Et elle n'a pas tort !

Les singes viennent d'enlever le protégé de Baloo, qu'ils font voltiger dans les airs en se le lançant de l'un à l'autre comme si c'était une poupée.

— Au secours, Baloo ! crie Mowgli.

— Je vous défends de toucher à mon petit d'homme ! hurle le gros ours.

Mais Baloo ne peut pas grimper aux arbres : il n'est pas assez agile. La seule chose qu'il peut faire, c'est appeler Bagheera au secours. La panthère arrive aussitôt. Heureusement, elle sait où habitent les singes : dans les anciennes ruines d'un temple construit par les hommes. Le roi Louie en a fait son palais, car il rêve d'être un homme.

— Nous l'avons ! annoncent les singes en faisant tomber Mowgli à ses pieds.

— J'en ai assez de vos singeries ! hurle Mowgli en brandissant le poing.

Le roi Louie lui fourre une banane dans la bouche pour le faire taire.

— Il est revenu à mes royales oreilles que tu voulais rester dans la jungle, dit-il.

Mowgli se calme aussitôt.

— Oh oui !

— Très bien, répond le roi. Je vais t'arranger ça. Marché conclu ?

Pour fêter ça, le roi Louie commence à danser.

— Je voudrais devenir un homme comme vous ! chante-t-il.

Mowgli trouve cet orang-outang

très drôle. Le problème, c'est qu'il veut quelque chose en échange de sa protection...

— Apprends-moi le secret du feu des hommes !

— Mais je ne le connais pas…

Le roi Louie n'est pas content. Heureusement que Baloo et Bagheera se sont approchés en cachette...

— Toi, tu vas créer une diversion, chuchote la panthère à l'ours. Et moi, j'en profiterai pour attraper Mowgli.

Pour détourner l'attention des singes, Baloo ne trouve rien de mieux que de se déguiser en guenon, avec une noix de coco sur la tête et une jupette de feuilles de palmier. Le roi

Louie tombe immédiatement amoureux de cette beauté ! Tous deux se lancent dans un rock endiablé.

Pendant ce temps, Bagheera essaie désespérément de saisir Mowgli qui est entraîné dans la danse. Il bouge trop : impossible de mettre la patte sur lui !

— Ce qu'on s'amuse, ici ! s'écrie Baloo.

Mais il se secoue tellement que son déguisement se détache. En un rien de temps, c'est une véritable mêlée. Le pauvre Mowgli passe de main en main comme un ballon de rugby. Dans la bataille, le temple s'écroule et Bagheera en profite pour s'enfuir avec Mowgli sur son dos. Baloo les rejoint bientôt et ils se reposent enfin tous les trois, loin des singes...

Chapitre 4
Mowgli s'enfuit

La nuit est tombée sur la jungle. Mowgli dort, épuisé, sous le regard attendri de Baloo. Comme un père, il couvre son petit ours avec des feuilles pour qu'il n'ait pas froid.

Bagheera soupire. Elle aussi aimerait que Mowgli reste avec Baloo, mais hé-

las, elle sait que c'est trop dangereux, avec Shere Khan dans les parages. Il faut absolument qu'elle le fasse comprendre au gros ours. Le petit d'homme ne l'écoutera jamais, elle !

— Baloo, viens par là, l'appelle-t-elle doucement, il faut que je te parle.

— Oh non ! gémit Baloo. Pas encore parler !

Et voilà, c'est reparti. *Bla bla bla*… Et que la jungle n'est pas un endroit pour Mowgli. Et qu'il doit retourner chez les hommes…

— Mais je l'aime comme si c'était mon enfant ! proteste Baloo.

— Alors, si tu l'aimes, pense à ce qui est le mieux pour lui et non pour toi. Tôt ou tard, Mowgli rencontrera Shere Khan, qui le tuera d'un seul coup de griffe !

Cette fois-ci, Baloo hoche la tête. Il a compris.

Au petit matin, la mort dans l'âme, il s'approche de Mowgli et le réveille.

— Où est-ce que nous allons, papa

ours ? demande le petit d'homme.

— On va dans un endroit que tu ne connais pas, répond Baloo évasivement.

— Oh, avec toi, j'irais n'importe où ! s'exclame joyeusement Mowgli en se blottissant contre son ami dont le cœur se serre.

Prenant son courage à deux pattes, Baloo décide de lui parler.

— Tu sais que tu es un homme ?

— Non, réplique Mowgli, je ne suis pas un homme, je suis un ours !

À bout d'arguments, Baloo décide de lâcher le morceau :

— Je dois t'emmener tout de suite chez les hommes.

Mowgli ouvre de grands yeux.

— En fait, tu es exactement comme Bagheera !

— Alors là, tu exagères un peu, gronde Baloo, vexé.

Mais Mowgli ne répond pas : il s'enfuit, tête baissée dans la jungle.

Chapitre 5

Rencontre avec Shere Khan

À présent, Baloo et Bagheera cherchent tous les deux Mowgli. Mais ils ne sont pas les seuls : Shere Khan rôde en silence, et il sent que le petit d'homme n'est pas loin...

Il a raison, Mowgli est tout près. Il vient d'échapper à Kaa de justesse et il continue son chemin sans savoir où il va. Quand il s'arrête, épuisé, il a presque atteint la lisière de la jungle, là où commence ce qu'on appelle « le pays de la désolation ». Les seuls animaux qui vivent là sont des vautours qui s'ennuient à mourir, tellement les visiteurs sont rares. C'est pourquoi, ils sont très contents de voir arriver Mowgli !

Ils entourent aussitôt le petit garçon, qu'ils examinent en jacassant. Ce drôle d'oiseau ressemble à une cigogne sans plumes ! Mais, soudain, ils s'aperçoivent que Mowgli pleure...

— Regardez-le, ce pauvre petit déplumé ! s'apitoient les vautours. Il a dû lui arriver beaucoup de choses affreuses...

— Personne ne veut de moi, explique Mowgli en reniflant.

Les vautours soupirent. Ils comprennent trop bien. Eux, c'est pareil…

— Tu peux compter sur nous, disent-ils à Mowgli. Nous sommes tes amis.

— Je préfère rester seul…

Mais les vautours décident de le consoler coûte que coûte. Ils se mettent à chanter tellement bien et de façon si drôle qu'ils finissent par faire rire le petit garçon.

Quand, soudain, une voix grave se mêle aux leurs. C'est celle de Shere Khan...

— Au secours ! s'écrient les vautours en s'envolant, épouvantés.

— Bravo ! s'exclame le tigre en applaudissant. Vous chantez très bien. Et merci de m'avoir livré ma proie !

— Cours, poussin, cours ! supplient les vautours.

Mais Mowgli fait face à Shere Khan.

— Pourquoi courir ? Tu ne me fais

pas peur. Et je ne fuis devant personne.

Malgré lui, Shere Khan est estomaqué.

— Tu as du cran pour quelqu'un d'aussi minuscule ! Alors, je te laisse une petite chance. Je ferme les yeux et je compte jusqu'à dix, tu pourras prendre un peu d'avance sur moi...

Le tigre commence à compter. Pendant ce temps, Mowgli saisit un bâton.

— … Neuf…

À dix, il se jette sur Mowgli. Mais il s'étale de tout son long ! Baloo est arrivé juste à temps et il retient le tigre par la queue !

— Attrape ça, grande brute ! crie Mowgli en abattant le gourdin sur la tête du tigre.

Et *vlan !* un autre coup. Erreur, grave erreur... Car la fureur de Shere Khan décuple ses forces. Malgré le poids de Baloo, suspendu à sa queue, il se met à poursuivre Mowgli.

— Sauvez le gamin, faites quelque chose ! crie Baloo aux vautours.

Ouf, les deux vautours attrapent Mowgli entre leurs serres et ils le soulèvent au moment où Shere Khan s'apprêtait à le dévorer.

Aussitôt, la colère du tigre se retourne contre l'ours. La bataille est terrible. Baloo est fort et courageux, mais il n'a pas les griffes tranchantes de son adversaire. Ni les mêmes dents. Et surtout, il est loin d'être aussi méchant...

Heureusement, la foudre tombe sur un arbre mort qui prend feu…

— Le feu ! s'écrie un des vautours. C'est la seule chose que craint Shere Khan.

Mowgli comprend aussitôt. Il s'empare d'une branche enflammée et, pendant que les vautours font diversion, il l'attache à la queue du tigre. Soudain, c'est au tour de la terreur de la jungle d'être terrorisée ! Il court et détale pour échapper à la branche enflammée qui lui grille la queue !

Mowgli le regarde disparaître à l'horizon, puis il court vers Baloo, allongé sur le sol, immobile.

— Baloo, relève-toi, je t'en supplie !

Le gros ours ne réagit pas. Les larmes se mettent à couler le long des joues de Mowgli.

Bagheera s'avance…

— Rappelle-toi pour toujours que la plus belle preuve d'amour qu'on puisse donner à un ami, c'est de sacrifier sa vie pour lui !

Sans que personne le voie, Baloo ouvre un œil. Bagheera continue :

— Le souvenir de Baloo, de son courage héroïque et de sa générosité restera à jamais gravé dans nos cœurs !

C'est alors qu'une grosse voix bourrue résonne.

— Hé, ne t'arrête pas aussi vite, Bagheera, c'est si émouvant !

Tous les regards se tournent alors vers le gros ours qui se relève.

— Espèce de sale hypocrite ! hurle Bagheera.

— Baloo, t'es pas mort ! crie Mowgli en courant se jeter dans les bras de son ami.

— À partir d'aujourd'hui, répond Baloo en caressant son ourson, personne ne pourra jamais nous séparer...

Ils vécurent heureux...

Et pourtant... Quelqu'un sépara Baloo et Mowgli, et ceci moins de cinq minutes plus tard ! Car le trio était arrivé près du village d'hommes et Mowgli aperçut soudain une fille...

Une fillette de son âge avec de grands yeux...

Kaa n'avait pas réussi à hypnotiser le petit d'homme, mais la petite fille y parvint aussi-

tôt, au grand désespoir de Baloo. La coquine fit exprès de faire tomber sa cruche d'eau, Mowgli courut la ramasser, et voilà : ce qui devait arriver arriva.

Mowgli aimait tendrement ses amis, mais l'appel de l'amour est encore plus fort que l'appel de la jungle !

Il leur fit un petit signe, promit qu'il reviendrait et suivit la fille au village.

Il y avait une seule chose à faire maintenant : prendre la vie du bon côté, comme Baloo l'avait toujours chanté. Alors la panthère et l'ours repartirent patte dessus patte dessous en chantant !

Fin

Découvre bientôt
un autre Chef-d'Œuvre
de Walt Disney en
Première Bibliothèque Rose :
La Belle et la Bête

Pour en savoir plus,
va vite sur le site :
www.bibliothequerose.com

Retrouve les Chefs-d'Œuvre

de Walt Disney

en Première Bibliothèque Rose !

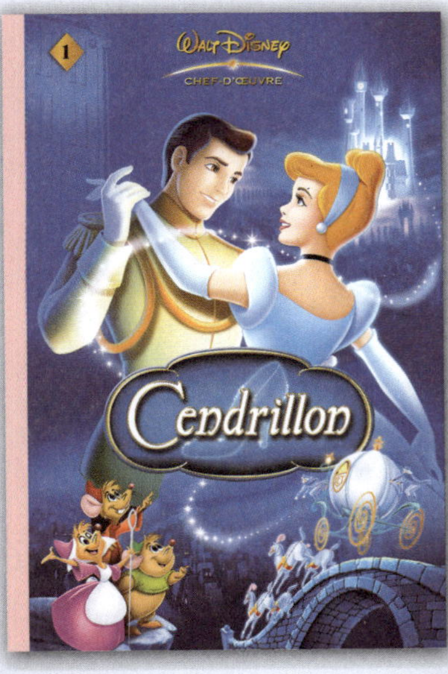

Table

« Pour l'éditeur, le principe est d'utiliser des papiers composés de fibres naturelles, renouvelables, recyclables et fabriquées à partir de bois issus de forêts qui adoptent un système d'aménagement durable. En outre, l'éditeur attend de ses fournisseurs de papier qu'ils s'inscrivent dans une démarche de certification environnementale reconnue. »

Imprimé en France par Jean Lamour – Groupe Qualibris
Dépôt légal : septembre 2010
20.24.2035.2 /01– ISBN 978-2-01-202035-1
Loi n° 49956 du 16 juillet 1949
sur les publications destinées à la jeunesse